Die Wasserspeier am Freiburger Münster

Heike Mittmann (Text)
Jean Jeras (Fotos)

Herausgegeben
vom Freiburger Münsterbauverein

Kunstverlag Josef Fink Lindenberg

Die Deutsche Bibliothek - CIP-Einheitsaufnahme

Die Wasserspeier am Freiburger Münster / hrsg. vom Freiburger Münsterbauverein.
Heike Mittmann (Text); Jean Jeras (Fotos). – 2. Aufl. – Lindenberg: Kunstverl. Fink, 2002
ISBN 3-931820-43-2

Inhalt

Die Autorin: Heike Mittmann M. A., Kunsthistorikerin, seit 1990
wissenschaftliche Mitarbeiterin beim Freiburger Münsterbauverein

Der Fotograf: Jean Jeras, Freiburg, seit 20 Jahren freiberuflicher
Fotograf, Schwerpunkt Kunst- und Architekturfotografie

Vordere Umschlagseite: *Gehörntes Phantasietier* (27)
Hintere Umschlagseite: *Kauernder Mann* (18)
Fotos: rückwärtige Umschlagseite Manfred Saß, Freiburg; alle übrigen Jean Jeras, Freiburg

2. Auflage 2002
© Kunstverlag Josef Fink, Hauptstraße 102 b, D-88161 Lindenberg
Alle Rechte vorbehalten
Gesamtherstellung: Fotolito Longo, Bozen
ISBN 3-931820-43-2

Wasserspeier:
Begriff, Funktion, Deutung

Zu den charakteristischen Skulpturen an gotischen Kathedralen und Kirchen zählen die Wasserspeier, die in Gestalt von Tieren, Menschen und Monstren an den Außenbauwerken waagerecht hervorragen.

Diese eigenartigen, zum Teil furchterregenden Wesen haben immer wieder die Wissenschaftler beschäftigt und zu unterschiedlichen Deutungen geführt. Ihre eigentliche Funktion erklärt sich aus dem Begriff: Die Figuren „speien" das Regenwasser vom Bauwerk weg und schützen damit das Mauerwerk und die filigranen gotischen Dekorationen vor dem schädigenden Wasser. In die Skulpturen sind Steinrinnen eingearbeitet, über die das Wasser durch die Münder und Mäuler der Figuren nach außen fließt. Sie sind damit Bestandteile des komplizierten Entwässerungssystems, das die gotischen Architekten für ihre gewaltigen Kirchenbauten entwickelt haben: Von den unterhalb der Dächer in das Mauerwerk integrierten Rinnen leitete man das Wasser geschickt durch die Vielzahl von Pfeilern und Strebebögen ab, um es an den für das Mauerwerk weniger gefährlichen Stellen durch Vorsprünge oder Wasserspeier nach außen zu führen.

Die ersten gotischen Wasserspeier tauchen in Frankreich, dem Ursprungsland der Gotik, auf. An der Kathedrale von Laon befinden sich vermutlich die ältesten, um 1220 datierten Speier. Es sind noch recht grob gearbeitete Figuren, die sich über das gesamte Bauwerk verteilen. Von da an gehören die Wasserspeier zum festen Bestandteil fast aller größeren Kirchenbauten in Frankreich und den übrigen europäischen Ländern, in denen sich der gotische Stil verbreitete. Aus den anfänglich plumpen Formen entwickelten sich zunehmend schlanke und virtuos gestaltete Figuren, die nicht selten Meisterwerke der Bildhauerkunst sind.

Schon in der Antike kannte man solche figürlich ausgearbeiteten Regenausgüsse. Sie zeigten zumeist die Gestalt von Löwen, aber auch anderen Tieren, wie Delphinen und Hunden, und waren an den Traufrinnen der griechischen und römischen Tempel angebracht. Den ältesten Speier wies man an einem ägyptischen Tempel (um 2300 v.Chr.) nach. In der frühchristlichen, byzantinischen und romanischen Baukunst sind Wasserspeier so gut wie unbekannt. Eine „Renaissance" erlebten sie erst wieder in der Gotik, als man die Außenwände der Kirchen zergliederte und mit großen Fenstern und reichen bildhauerischen Arbeiten versah. In den nachfolgenden Jahrhunderten treten sie nur noch vereinzelt auf, so etwa an Bauten der Renaissance, wo die Speier zunehmend aus Metall gearbeitet sind.

Kunsthistoriker, Theologen und andere Gelehrte bemühten sich immer wieder um Erklärungen dieser phantasievollen Skulpturen, die in die christliche Ikonografie der Kirchengebäude nicht zu passen scheinen. Da aus mittelalterlicher Zeit von den Architekten und Bildhauern keine schriftlichen Überlieferungen zu den Wasserspeiern bekannt sind, bildeten sich um diese Skulpturen die unterschiedlichsten Hypothesen:

Verbreitet ist vor allem die Ansicht, daß man sich von ihnen eine „apotropäische" (griechisch: Apotropaion), d.h. eine die bösen Geister abwehrende Wirkung erhoffte. Die an den äußeren Kanten des Bauwerks angebrachten Monstren, Drachen und Fabelwesen sollten ihre Artgenossen von dem christlichen Kirchengebäude fernhalten, indem man ihnen ihr eigenes schreckliches Spiegelbild vorsetzte. Eine solche magisch-abwehrende Kraft konnten auch die für unser Empfinden, hauptsächlich in Deutschland verbreiteten, „harmlosen" Wasserspeiertiere, wie Ziegen, Rinder, Hunde etc. haben, da nach mittelalterlicher Vorstellung Dämonen auch die Gestalt dieser Tiere annahmen.

Außerdem sah man in ihnen bereits gebannte, zu Stein gewordene Dämonen, die in ihrer Verwendung als Wasserablauf zum Dienst an der Kirche gezwungen wurden und andere böse Geister abhielten.

Andere sahen in ihnen Verkörperungen von menschlichen Lastern, die zur Warnung und Abschreckung der Gläubigen angebracht wurden. Die Tiere deutete man mit Hilfe theologischer Quellen, wie der Bibel oder dem Physiologus, einer naturgeschichtlich-religiösen Schrift aus dem 2./4. Jahrhundert, in denen reale und phantastische Tiere symbolisch mit Lastern und Tugenden gleichgesetzt werden.

Schließlich erklärte man sie als bloße dekorative Bauteile, die lediglich zum Schmuck der Kirche dienten und ohne jeden tieferen Sinn seien. Sie wurden als „Steinmetzlaunen" mit zum Teil „sprühendem Humor" bezeichnet, in denen

die Freude der Bildhauer an skurrilen und phantastischen Formen ihren Niederschlag gefunden habe.

Von welchen Gedanken sich die Bildhauer bei der Formenwahl tatsächlich leiten ließen, läßt sich wohl nicht mehr klären. Daß die bildlichen Wasserspeier als Bestandteile der sakralen Figurenprogramme neben der technischen Aufgabe sicher auch eine Aussagefunktion hatten, scheint wahrscheinlich. Ob diese nun in dem im Mittelalter verbreiteten Dämonenglauben oder in der religiös-lehrhaften Unterweisung der Gläubigen lag, bleibt dahingestellt. Vermutlich vermischten sich die verschiedenen Einflüsse mit einer gewissen gestalterischen Freiheit der Bildhauer, wodurch das „Sammelsurium" dieser Skulpturen zu erklären wäre.

Südseite vom Freiburger Münster

Die Wasserspeier am Freiburger Münster

Das mittelalterliche Entwässerungssystem

Am Freiburger Münster gibt es insgesamt 91 Wasserspeier. Nicht berücksichtigt sind die vielen Miniaturspeier an den Blendarkaden der Turmvorhalle, die ohne technische Funktion sind und nur aus dekorativen Gründen angebracht wurden. Die Wasserspeier umgeben in horizontalen Reihen den gesamten gotischen Baukörper, das Kirchenschiff, den Westturm und den spätgotischen Chor (s. Ansicht Südseite). Nur an den romanischen Bauteilen, dem Querhaus und den Hahnentürmen, befinden sich keine Speier, da sie eine typische Erscheinung der Gotik sind.

Die Wasserspeier sind Bestandteile des mittelalterlichen Entwässerungssystems, das am Freiburger Münster jedoch nur noch zum Teil in Funktion ist: Am *Langhaus* wurde es vor einigen Jahren durch eine moderne Wasserableitung mit kupfernen Rinnen und Fallrohren ersetzt, die den größten Teil des Regenwassers erfassen und ableiten. So spritzt heute nur noch bei starken Regenfällen Wasser aus diesen Figuren. Die Wasserspeier sind an den Außenseiten der Strebepfeiler angebracht und befinden sich paarweise an den oberen Ecken sowie einzeln etwa in Dreiviertelhöhe der Pfeiler. Diese Anordnung übernahmen die Baumeister vermutlich von dem nahegelegenen Straßburger Münster, dessen Architektur und Plastik Vorbild für das gotische Münster in Freiburg waren. Wahrscheinlich zum ersten Mal taucht eine solche paarweise Gruppierung von Wasserspeiern an der französischen Kathedrale von Amiens (um 1235) auf. Ursprünglich leiteten die oberen Figuren das Regenwasser vom Hochschiffdach ab, das in der umlaufenden Dachgalerie gesammelt wurde und von dort über verdeckte Rinnen in den Strebebögen durch die Strebepfeiler zu den Figuren abfloß. Die unteren Speier leiteten das Regenwasser vom Seitenschiffdach ab, das

in der unteren Galerie aufgefangen wurde (s. Schnitt).

Ähnlich ist auch das System der Wasserspeier am *Chor* (s. Ansicht Chornordseite). Hier sitzen sie, jedoch nur noch einzeln, an den Strebepfeilern und Kapellenpfeilern. Wie am Langhaus nehmen die oberen Speier das Regenwasser des Hochschiffdaches auf, das – diesmal – über offene Rinnen in den Strebebögen zu ihnen geleitet wird. Die unteren Figuren führen das Wasser der flachen Kapellendächer ab. Auf der Ostseite blieben drei Pfeiler ohne Figuren, da die Strebebögen dort keine Wasserrinnen besitzen und das Anbringen von Speiern technisch nicht erforderlich war. Am Chor ist die mittelalterliche

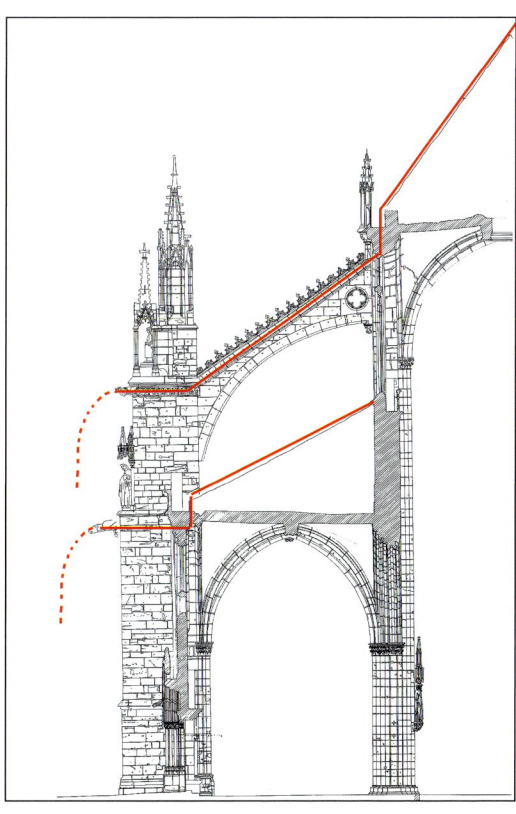

Wege des Regenwassers

Chornordseite vom Freiburger Münster

Entwässerung auch heute noch intakt; sie bereitet jedoch zunehmend Probleme.

Anders ist die Verteilung der Wasserspeier am *Westturm*. Da hier wegen der fehlenden Dachmassen nur wenig Regenwasser anfällt, ist die Anzahl der Speier entsprechend geringer. Um das Wasser der Sterngalerie abzuführen, wurden vier Konsolbüsten unter der Galerie mit Wasserrinnen ausgestattet. Außerdem befinden sich vier Wasserspeier an den Ecken der Dreikantpfeiler, die das Regenwasser von den Figurengehäusen ableiten. Sieben „Scheinwasserspeier" ragen zwischen den Fenstergiebeln der Achteckhalle hervor. Sie sind ohne Rinnen und dienen lediglich zur optischen Belebung der Turmsilhouette.

Entstehung

Zahlreiche Bildhauergruppen schufen über mehrere Jahrhunderte, parallel zur Bauentwicklung des Freiburger Münsters, die bunte Welt der Wasserspeier. Dies erklärt ihre Formenvielfalt, aber auch die Unterschiede in der künstlerischen Ausführung und Größe, die zwischen 0,55 m und 1,60 m variiert. Die Wasserspeier sind aus einem Quader herausgearbeitet, von dem zwei Drittel den figürlichen Teil bilden, während der Rest als Widerlager im Mauerwerk steckt. Nur wenige Figuren sind durch Inschriften gekennzeichnet. Andere schriftliche Quellen, die Hinweise zu den Bildhauern und der Entstehungszeit geben, sind – mit einer Ausnahme – nicht vorhanden. Da die Wasserspeier als feste Bestandteile des Baukörpers zusammen mit den entsprechenden Architekturteilen versetzt wurden, läßt sich der Zeitpunkt ihrer Ausführung nur aus der unsicheren Chronologie des Freiburger Münsters ableiten. Am ausgiebigsten befaßten sich die Kunsthistoriker Fritz Baumgarten und Otto Schmitt mit den Wasserspeiern des Freiburger Münsters. Sie gelangten dabei zum Teil zu unterschiedlichen Datierungen, die im anschließenden Beschreibungsteil jeweils angegeben sind.

Die ältesten vermutlich um 1230/40 entstandenen Speier findet man am ersten gotischen Bauabschnitt des Münsters, an den beiden *unteren Ostjochen* des Langhauses. Es sind zwei menschliche Darstellungen sowie ein Löwe, die noch relativ blockhaft gebildet sind und im Vergleich zu den späteren Speiern weniger weit aus dem Bauwerk herausragen. Aus einer anderen Bildhauerwerkstatt stammen die naturalistischen Tierspeier an den *unteren Westjochen*, die über schön gestalteten Konsolen mit Blattwerk oder figürlichen Motiven angebracht sind. Sie wurden im Zusammenhang mit dem Bau der Seitenschiffe der Westjoche in der 2. Hälfte des 13. Jahrhunderts ausgeführt; zu ihnen gehören stilistisch auch die Wasserspeier der *oberen Ostjoche*. Von einer besonderen Qualität sind die Wasserspeierfiguren am *Westturm*. Diese besonders präzise gearbeiteten und langgestreckten menschlichen sowie tierischen Speier gestaltete vermutlich eine Bildhauergruppe Anfang des 14. Jahrhunderts beim Ausbau der oberen Turmgeschosse. Die Speierfiguren an den *oberen Westjochen,* dem letzten Bauabschnitt des Kirchenschiffs, datieren meistens aus dem 14. Jahrhundert. Einige von ihnen wurden – wegen späterer baulicher Veränderungen an den Pfeilern – vermutlich erst im 15. oder 16. Jahrhundert ausgeführt. Sie sind insgesamt zierlicher gestaltet als die sich darunter befindenden Wasserspeier und ragen auch weniger weit hervor.

Die Speier am *spätgotischen Chor* entstanden im beginnenden 16. Jahrhundert, wahrscheinlich zwischen 1514 und 1530. Aus zwei Jahreszahlen, die sich auf dem ersten Speier der Nordseite und auf dem zweiten Speier der Südseite erhalten haben, schließt man, daß die dazwischen liegenden Figuren während dieser Jahre ausgeführt wurden. Es sind vielgestaltige Skulpturen, die in der künstlerischen und technischen Qualität zum Teil sehr voneinander abweichen.

Aus späterer Zeit stammen nur noch vereinzelt Figuren. Hierzu zählen u.a. der 1557 datierte Wasserspeier an der Grafenkapelle und der berühmte „Delphin" auf dem östlichen Strebepfeiler der Nordseite, dessen Entstehung im 18. Jahrhundert durch eine Urkunde belegt ist.

Restaurierung

Viele der figürlichen Wasserspeier sind heute nur noch in einer Zweit- oder Drittanfertigung am Münster vorhanden. Wegen ihrer wasserableitenden Funktion sind diese Bauteile besonders der zerstörerischen Verwitterung ausgesetzt und mußten vielfach ausgetauscht werden. Die Originalskulpturen – sofern noch vorhanden – befinden sich in der Münsterbauhütte und im Freiburger Augustinermuseum. Ob und inwieweit die heute sichtbaren Speier den ursprünglichen Figuren entsprechen, läßt sich nur noch schwer feststellen. Daß man sich bei früheren Restaurierungen wohl nicht immer an die Vorbilder hielt, zeigen genügend Beispiele. So wurden, wahrscheinlich in der Spätgotik, einige Speier am Langhaus durch Neuschöpfungen ersetzt, die im Verhältnis zu den benachbarten Figuren zu klein ausfielen. Auch hatte man keine Hemmungen, an die Reste von alten Speiern neue Figuren anzufügen, wie dies historische Fotografien dokumentieren. So setzte man am Chor auf die Reste eines Raubvogels, der ein nacktes Kind in den Krallen hielt, ein hundeähnliches Phantasiewesen mit einem Adler zwischen den Pranken. Noch in den sechziger Jahren dieses Jahrhunderts gestaltete man anstelle eines verlorengegangenen Wasserspeiers eine völlige Neuschöpfung.

Heute werden die verwitterten Plastiken detailgetreu ersetzt. Dank der hervorragenden Sammlung von Gipsabgüssen, die Anfang des 20. Jahrhunderts in der Münsterbauhütte von den damals wesentlich besser erhaltenen Skulpturen angefertigt wurde, ist dies auch bei besonders schadhaften Wasserspeiern möglich. Diese in Deutschland einmalige Sammlung, die von großem kunsthistorischen und dokumentarischen Wert ist, befindet sich in der Münsterbauhütte und umfaßt neben den Wasserspeiern fast alle figürlichen und ornamentalen Bildhauerarbeiten des Freiburger Münsters.

Darstellungen

Die Mehrzahl der Freiburger Wasserspeier bilden Tierfiguren und Mischwesen. Außerdem gibt es menschlich geformte Speier, die sich hauptsächlich über den Chor und Westturm verteilen.

Naturalistische Tiere sind vor allem an den Bauteilen des 13. und 14. Jahrhunderts angebracht. Hierzu zählen Pferde, Rinder, Schweine, Schafe, Ziegen, Hunde oder Wölfe, Löwen, ein Hirsch, aber auch Fabelwesen wie ein Drachen oder ein Einhorn. Einige von ihnen halten einen Menschen oder einen Kopf zwischen den Vorderfüßen. Diese Tiere, die die Bildhauer entweder aus eigener Anschauung oder aus bildlichen Überlieferungen kannten, sind zum Teil ausgesprochen realistisch und lebendig dargestellt: Sie befinden sich in aktiver Sprunghaltung, haben wie zum Brüllen geöffnete Mäuler und fletschen gefährlich ihre Zähne.

Wasserspeier in Gestalt realistischer Tiere sind besonders an den gotischen Kirchen Deutschlands verbreitet. Für die Freiburger Figuren waren vermutlich die Tierspeier am Straßburger Münster Vorbild, wo zum Teil die gleichen Motive – z.B. das Pferd, das Einhorn und Tiere mit einem menschlichen Kopf zwischen den Pfoten – auftauchen. Wie in Freiburg werden auch dort die Figuren von plastisch gestalteten Konsolen gestützt.

Im Mittelalter hatten Tiere auch eine symbolische Bedeutung. Man sah in ihnen Verkörperungen von Wetterdämonen, die für die Naturgewalten verantwortlich waren. So galten beispielsweise Tiere mit Hörnern (Rinder, Böcke) als Gewittertiere, deren Abbilder die Kirchen vor Unwetter schützen sollten. Schon bei den Germanen waren Bannbilder in Gestalt von Tierköpfen und -schädeln zum Schutz von Häusern bekannt gewesen. Außerdem verwandte man Tiere auch als Allegorien, um die christliche Lehre zu veranschaulichen. So verkörperten z. B. das Schwein und der Affe menschliche Laster, während der Hirsch ein Sinnbild der Tugend war.

Mischwesen, zum Teil komisch, meistens jedoch häßlich und extrem abstoßend gestaltet, sind bevorzugte Darstellungen des 14. bis 16. Jahrhunderts am Freiburger Münster. Diese wohl Dämonen verkörpernden Ungeheuer konzentrieren sich auf der Nordseite, von woher nach der Bibel das Unheil droht (Jer 6,1). Sie bilden abstruse Kombinationen aus den verschiedensten Tiergattungen, aus Mensch und Tier, oder sind von freier, phantastischer Form. Schon in der romanischen Bauplastik war die Darstellung solcher Mischwesen vor allem an den Kapitellen und Portalen verbreitet. Die speienden Bestien lehnen sich am ehesten dem Wasserspeiertyp in Frankreich an, wo es – vor allem an den großen Kathedralen in Reims, Amiens und Paris – von solchen scheußlichen Ungeheuern geradezu wimmelt.

Eine pikante Variante bilden die *menschlichen Speier*. Man sieht hockende Männer und Frauen, einen Narr, eine Nonne sowie Menschen mit eigenartigen Verrenkungen und anzüglichen Gebärden. Es sind größtenteils Karikaturen, die entweder zum Spott oder zur Abschreckung an dem Kirchengebäude angebracht wurden. Der berühmteste unter ihnen ist der sogenannte „Hinterentblößer", der, den Erzählungen nach, dem Erzbischof sein bloßes Hinterteil entgegenstrecken soll (vgl. 16). Manche von ihnen stellen anscheinend auch Verkörperungen von Lastern dar, wie die drei menschlichen Repräsentanten am Westturm, die zum Figurenzyklus der sogenannten „Sieben Todsünden" gehören (vgl. 86, 88, 90).

Beschreibung der Wasserspeier

Die Beschreibung der Wasserspeier erfolgt unabhängig ihrer chronologischen Entwicklung als Rundgang um das Münster. Sie beginnt auf der Langhaussüdseite von Westen nach Osten, führt um den Chor herum zur Langhausnordseite und behandelt als letztes die Wasserspeier am Turm. Die Zahlen verweisen gleichzeitig auf die Abbildungen und die Numerierung in den Grundrissen. Die Datierungen stammen von Fritz Baumgarten und Otto Schmitt (vgl. „Entstehung"). Sofern sie voneinander abweichen, ist dies bei den einzelnen Figuren vermerkt.

Langhaussüdseite

1 Bärtiger Mann im Schneidersitz – „Zanner"

Die Figur hat den Mund weit aufgerissen und greift sich mit den Händen an die Schläfe und in den Bart. Formal zeigt sie Ähnlichkeit mit einer Skulptur am Westturm, die als Verkörperung der Wut zu dem Figurenzyklus der „Sieben Todsünden" gehört (vgl. 85).

Die Gebärde des Maulaufreißens war ein im Mittelalter verbreitetes Bildmotiv und wurde mit „Zannen" oder „Zähneblecken" bezeichnet. Als Spottgebärde oder auch apotropäisch gemeint, taucht dieses Motiv schon in der romanischen Kapitellplastik auf. Besonders häufig sieht man solche grimassenartigen Darstellungen bei architekturbedingten Öffnungen, die man als „Maul" benutzte. Hierzu zählen neben den Wasserspeiern auch Brunnenöffnungen und Schießscharten von Wehrtürmen und Stadttoren.

Auf der Konsole unter dem Wasserspeier ist ein Affe zu sehen. Er ist mit einem Mantel (Kutte?) bekleidet und hält in seiner linken Hand einen Apfel. Im Mittelalter galt der Affe wegen seines Nachahmungstriebes als Symbol des Teufels.

1

2

Außerdem war er Sinnbild des sündigen Menschen, worauf auch der Apfel als Hinweis auf den Sündenfall hindeutet. Häufig verwandte man den Affen auch als Mittel der Parodie, um damit bestimmte Gesellschaftsschichten, wie Kleriker und Mönche aufs Korn zu nehmen. Noch heute weist die Redensart „jemanden nachäffen" auf die negative Deutung des Tieres hin.

2. Hälfte 13. Jh.

oder Tieren ist bei den Wasserspeiern relativ verbreitet und auch in Frankreich sehr beliebt. Es verdankt seinen Ursprung vielleicht technischen Erwägungen: Die untere Figur dient der oberen als Verstärkung und ermöglicht so, daß für das speiende Maul der getragenen Figur ein weiterer Abstand vom Gebäude gewonnen werden kann (vgl. 5, 20, 21, 72, 75).

2. Hälfte 13. Jh. (Konsole Kopie)

2 Hirschjagd

Über einer männlichen Figur, die auf einem Horn zur Jagd bläst, ragt ein Hirsch hervor, der von zwei Hunden attackiert wird. Sie haben sich auf dem Rücken des armen Tieres festgekrallt und in seine Ohren verbissen. Einen Mann mit einem Horn zeigt auch die Konsole unter der Skulptur.

Nach christlicher Vorstellung ist der Hirsch Sinnbild für Christus oder für den von Gott Auserwählten (Physiologus, Kap. 30). Jagdszenen symbolisieren in der christlichen Ikonografie den Kampf der guten mit den bösen Kräften. Der Jäger und seine Hunde können im übertragenen Sinne für den Teufel stehen, der die gläubige menschliche Seele in Gestalt des Hirsches verfolgt. Das Motiv von zwei sich tragenden Menschen

3 Schwein mit zwei Ferkeln

Das prachtvoll gearbeitete Tier hat lebhaft seinen rechten Huf vorgestreckt, während die anderen Beine am Stein anliegen. Sein ausdrucksvoller Kopf und der langgestreckte Körper, unter dem zwei saugende Ferkel sitzen, sind sehr naturalistisch wiedergegeben.

Wasserspeier in Form von Schweinen findet man relativ häufig. In der Bibel steht das Schwein, das sich „nach der Schwemme wieder im Schlamm wälzt" (2 Petr 2,22), sinnbildlich für die wankelmütigen Gläubigen, die sich immer wieder aufs neue vom „Schmutz" der Welt verführen lassen. Als Verkörperung von Unmäßigkeit und Gier stellt es auch eine der „Sieben Todsünden" dar (vgl. 91).

Anfang 14. Jh. (Kopie)

4 Löwe

Typisch sind die charakteristische Mähne und der lange in einer Quaste endende Schwanz, den das Tier um seinen Körper geschlungen hat.

Der Löwe, ein schon im Altertum beliebter Wasserspeiertyp, taucht am Freiburger Münster gleich mehrmals auf. Als „König der Tiere" war der Löwe schon immer das Sinnbild für Macht und Stärke. Nach christlicher Vorstellung symbolisiert er sowohl das Gute als auch das Böse, verkörpert Christus und den Teufel.

In dieser zweifachen Deutung sieht man ihn auch am Freiburger Münster: Die Erweckung der totgeborenen Jungen durch seinen Atem, im nördlichen Seitenschiffenster, steht sinnbildlich für die Auferstehung Christi. Im Kampf mit David, an der Nikolauskapelle, verkörpert er das Böse, das durch David besiegt wird.

Anfang 14. Jh.

3

4

5 Einhorn auf dem Rücken eines Mannes

Das ehemalige Horn auf der Stirn ist verwittert. Die Konsole unter der Figur zeigt reiches Blattwerk.

Das Einhorn, ein sagenumwobenes Fabelwesen, das bereits im alten Orient und in der Antike bekannt war, stand wegen seiner Stärke und Macht sowie der Kraft seines Horns sinnbildlich für Christus. Nach der Beschreibung im Physiologus (Kap. 22) wurde das Einhorn durch eine Jungfrau gefangen und so zum Symbol der jungfräulichen Empfängnis und der Menschwerdung Christi.

Das Horn, das als Waffe zum Zustoßen dient, galt bei den verschiedensten Völkern als ein wirksames Schutzmittel gegen böse Mächte und dämonische Einflüsse. Unter den Wasserspeiern des Freiburger Münsters gibt es eine große Anzahl gehörnter Tiere. Hierzu zählen neben dem Einhorn ein Hirsch, Rinder, Widder, Ziegenböcke und Phantasiegestalten, die zusätzlich ein Horn erhielten.

2. Hälfte 13. Jh.

5

6

7

8

6 Phantasiewesen

Es hat die Kopfform eines Hundes, das Fell eines Schafes sowie die Krallen und den Schwanz eines Raubtiers.

14. Jh. (O. Schmitt), Anfang 16. Jh. (F. Baumgarten)
(Kopie; Original Münsterbauhütte)

7 Löwe

Seine vorderen Pfoten sind wie zum Sprung am Körper angewinkelt. In dem weitgeöffneten Maul des eher freundlich blickenden Raubtieres erkennt man deutlich seine gefährlichen Zähne (vgl. 4).

14. Jh. (O. Schmitt), Anfang 16. Jh. (F. Baumgarten)
(Kopie; Original Münsterbauhütte)

8 Drachen

Das geflügelte Tier hat einen hundeähnlichen Kopf und hockt auf seinem dicken Schwanz, der mit einem Schuppenkamm besetzt ist. Am Schwanzende befindet sich ein Ziegenkopf. Zwei kleine Drachen schmücken auch die Konsole.

9

10

Wasserspeier in Gestalt von Drachen sind die ursprünglichste Speierform der Gotik und daher vor allem an den französischen Kathedralen in großer Anzahl und Formenvielfalt verbreitet. Dieses reptilienartige Ungeheuer galt im Christentum als die Verkörperung des Dämonischen und Bösen schlechthin. Nach mittelalterlicher Auffassung bedrohen und verfolgen die Drachen die Menschen, die ihnen entweder unterliegen oder mit Hilfe himmlischer Mächte widerstehen. Er ist geläufiges Attribut des Erzengels Michael und der Heiligen Georg und Margareta als Zeichen für deren erfolgreichen Kampf mit dem Bösen. Drachenköpfe zur Dämonenabwehr fanden bereits an den Wikingerschiffen Verwendung. Außerdem sind sie auch an den norwegischen Stabkirchen verbreitet.

2. Hälfte 13. Jh. (Konsole Kopie)

9 Mann mit Buch

Er ist mit Hut und einem knielangen Mantel bekleidet, um den ein breiter, modischer Gürtel geschlungen ist. Auffallend ist die Nickelbrille auf der Nase, die er für die Lektüre in dem zwischenzeitlich verwitterten Buch benötigt. Diese satirisch anmutende Darstellung anscheinend eines Gelehrten entstand als Neuschöpfung Anfang des 20. Jahrhunderts. Früher befand sich an dieser Stelle ein teufelartiges Wesen, das auf historischen Aufnahmen zu sehen ist.

Anfang 20. Jh.

10 Phantasiewesen

Auf dem überproportional langen Körper sitzt ein im Verhältnis dazu viel zu kleiner Kopf, der häßlich verzerrt ist. Der Schwanz und die Krallen deuten auf ein Raubtier hin, während das Gesicht eher menschenähnliche Züge zeigt.

14. Jh. (O. Schmitt), Anfang 15. Jh. (F. Baumgarten)

11–14 Miniaturwasserspeier

Vier Miniaturwasserspeier befinden sich zwischen den Giebeln am Lammportal. Sie stellen einen hockenden Mann, einen Drachen, einen Löwen und einen Hund dar.

Im Gegensatz zu den kleinen, rein dekorativ verwendeten Speiern der Turmvorhalle hatten diese ursprünglich Rinnen und leiteten das Wasser vom Portal ab. Bei den Kopien verzichtete man auf die Rinnen.

2. Hälfte 13. Jh. (z.T. Kopien)

11

12

13

16

14

15

16

15 Tier mit fletschender Schnute

Während der Körper und Kopf einem Kalb gleichen, ähneln die extrem langen Ohren eher denen eines Esels. Unter ihm auf der Konsole
hockt ein Männchen, das seine Rechte auf die
Hüfte gesetzt hat und zu tanzen scheint.

2. Hälfte 13. Jh. (Konsole Kopie)

16 „Hinternentblößer"

Eine *nackte menschliche Figur* mit langen Haa-
ren stemmt sich mit den Armen und mit durch-
gestreckten Beinen gegen den Pfeiler und streckt
das entblößte Hinterteil dem Betrachter zu. Die
Figur hat zwei Köpfe, die sich rechts und links
an die Pfeilerecke legen.

  Um diese obzöne Figur entwickelten sich im
Volksmund die unterschiedlichsten Erzählungen. Verbreitet ist vor allem die Erklärung, daß
diese drastische Gebärde dem Erzbischof galt,
dessen Palais sich gegenüber dem Wasserspeier
befindet. Dabei übersah man allerdings, daß die
Figur aus dem Mittelalter stammt, während ein
Erzbischof erst seit 1827 in Freiburg residiert.
Der doppelte Kopf der Figur könnte auch eine
Anspielung auf den Teufel sein, der im Mittelalter häufig mit mehreren Gesichtern abgebildet

wurde. An dem gegenüber liegenden Pfeiler der
Nordseite ist ebenfalls ein doppelköpfiges Monstrum zu sehen (vgl. 71). Das demonstrative
Vorzeigen von Geschlechtsteilen oder dem Ge-
säß, auch als „Blecken" bezeichnet, war ein im
Mittelalter außerordentlich beliebtes Motiv, das
seit dem 12. Jahrhundert in der christlichen Bild-
kunst, der Malerei, Bauplastik und auch an spät-
mittelalterlichen Chorstühlen zahlreich überliefert ist. Es diente als Spottgebärde, war aber auch
apotropäisch, d.h. zur Abwehr der bösen Geister
gemeint. Nach christlichem Verständnis könnte
die Figur das Laster der Unkeuschheit verkör-
pern. Ein vergleichbarer Wasserspeier ist am
Musée Cluny in Paris angebracht. Dort stellt eine
allerdings bekleidete männliche Figur ebenfalls
ihr bloßes Hinterteil zur Schau.

*Mitte 14. Jh. (O. Schmitt), Anfang 15. Jh. (F. Baumgarten)
(Kopie)*

17 Mann mit modischem Mantel

Unter seinen Kopf hat der Mann einen Umhang gehoben.

Mitte 14. Jh. (O. Schmitt), Anfang 15. Jh. (F. Baumgarten)
(durch neue Kopie ersetzt; Original Augustinermuseum)

18 Kauernder Mann

Seine Hände fassen in den langen Bart und halten dabei den aufgerissenen Mund unterstützend fest. Diese noch recht schwerfällige Skulptur gehört mit der benachbarten Figur, rechts, sowie zwei weiteren auf der Langhausnordseite zu den ältesten Wasserspeiern am Freiburger Münster. Im Gegensatz zu den benachbarten unteren Figuren setzt sie auf keiner Konsole auf und ragt auch weniger weit vom Bauwerk hervor. (s. auch Abb. rückwärtige Umschlagseite)

1. Hälfte 13. Jh.; nach neuester Forschung um 1230/40

17

18

19 Löwe mit Menschenkopf

Das Motiv des Löwen, der einen Menschen im Maul oder mit den Klauen hält, ist in der mittelalterlichen Kunst sehr verbreitet. Es steht sinnbildlich für die leibliche und geistige Gefährdung des Menschen durch den Teufel und geht auf Aussagen in der Bibel zurück: „Seid nüchtern und wachet. Euer Widersacher, der Teufel, geht umher wie ein brüllender Löwe, suchend, wen er verschlinge" (1 Petr 5,8), und „Errette mich aus dem Rachen des Löwen" (Ps 22,22). (Abb. vordere Umschlagseite)

2. Hälfte 13. Jh.

20 Ochse auf dem Rücken eines Mannes

Ochse auf dem Rücken eines Mannes, der mit seinen Armen die vorderen Läufe des Tieres umfaßt. Treffend charakterisiert sind der stark muskulöse Hals und der ausdrucksvolle Kopf des Ochsen.

2. Hälfte 13. Jh.

21 Mann im Kapuzenmantel

Mann im Kapuzenmantel, der von einem lockigen Jüngling huckepack getragen wird.

1. Hälfte 13. Jh.; nach neuester Forschung um 1230/40

22/23 Zwei spiegelbildlich dargestellte Pferde

Die Beine der Pferde sind lebendig wie im Galopp angewinkelt. Die Köpfe mit den zur Seite gekämmten Mähnen und den offenen Nüstern zeugen von einer guten Naturbeobachtung.

Im Volksglauben wurden dem Pferd übernatürliche bzw. dämonische Kräfte zugeschrieben. Pferdeköpfe an Hausgiebeln sollten Unheil abwenden, waren also apotropäisch gemeint.

2. Hälfte 13. Jh. (Kopien; Originale Münsterbauhütte)

20

21

21

22

23

24

25

24 Froschartiges Wesen

An einen Frosch erinnern der weitmäulige Kopf, die kugeligen Augen und die in Spannung langgestreckte Körperhaltung.

In der Bibel wird der Frosch mit den „unreinen Geistern" gleichgesetzt, die als sechste Plage über die Welt kommen (Offb 16,13). Der Physiologus unterscheidet zwischen dem Land- und dem Wasserfrosch. Der Landfrosch steht sinnbildlich für den wahren Gläubigen, der Wasserfrosch für den weltlichen Menschen, der in „Ausschweifung und Unzucht eintaucht" (Physiologus, Kap. 29).

Auf dem Rücken des sündigen Verführers, des „Fürsten der Welt", in der Turmvorhalle kriechen Kröten und Schlangen, die ihn als Vertreter des Teufels kennzeichnen.

Anfang 17. Jh. (Kopie)

25 Ziegen- oder Schafbock

Nach christlicher Vorstellung galt der Ziegenbock als Symbol des Sünders und des Teufels. In der Bibel steht die Scheidung der Böcke von den Schafen durch Christus sinnbildlich für die Scheidung in Selige und Verdammte beim Jüngsten Gericht (Mt 25,31–33). In der Turmvorhalle des Freiburger Münsters trägt die Verkörperung der Wollust (Luxuria) ein Bocksfell.

16. Jh.

26

27

Chor

26 Häßliche, nackte Frau mit faltigem Gesicht und strähnigem Haar

Hängende Brüste und extreme Bauchfalten betonen die unschöne Erscheinung. Über der linken Schulter trägt sie ein Faß, aus dem das Regenwasser fließt. Der runde, in der Mitte gewölbte Gegenstand, den sie in der rechten Hand hält, ist vermutlich der Deckel zu dem Faß.

Diese übertriebene, komisch-negative Darstellung führte den Betrachtern die lächerliche und lasterhafte Seite menschlichen Daseins provozierend vor Augen. Hierzu zählen auch die folgenden deformierten, verrenkten und von der „Normalität" abweichenden Gestalten, die zur Belustigung oder als Sinnbilder des Dämonisch-Lasterhaften eine wohl belehrende und zugleich auch abschreckende Wirkung hatten.

1. Hälfte 16. Jh.

27 Gehörntes Phantasietier

In dem Phantasietier vermischen sich Rind und Raubtier. Es ist von kräftiger Statur und und hat

ein ausdrucksstarkes Gesicht. Zwischen den Beinen befindet sich ein Spruchband, auf dem die Jahreszahl 1530 überliefert wurde (vgl. 62).

1530 (Kopie; Original Augustinermuseum)

28 Mann mit spitzem Hut „Nasendreher"

Die hockende Figur, die mit einem langärmeligen Mantel bekleidet ist, verdreht mit den Händen grimassenartig die Nase und den Mund nach rechts. Auffallend ist die extrem große Kropfbildung am Hals vermutlich als Hinweis auf dieses in der badischen Region sehr verbreitete Krankheitsbild. Ein menschlicher Wasserspeier mit aus-

geprägtem Kropf ist auch am spätgotischen „Haus zum Walfisch" in Freiburg zu sehen.

1. Hälfte 16. Jh.

29 Hundeähnliches Phantasiewesen

Auf seinem langgestreckten Körper sitzt ein außerordentlich grob und plump gearbeiteter Kopf mit breiter Schnauze und hörnerartigen Ohren.

Ursprünglich befand sich hier eine andere Figur. Die Reste hiervon – Krallen, die ein Kind umklammert halten – sind noch an der Originalfigur zu sehen.

1. Hälfte 16. Jh. (Kopie; Original Münsterbauhütte)

29

30 Narr

Er trägt das typisch „närrische" Kostüm, ein schellenbesetztes Gewand und eine Eselsohrenkappe. Das Wasser fließt aus einem Krug über seiner rechten Schulter.

Der Narr war im Mittelalter, vor allem im Zeitalter des Humanismus, eine beliebte Figur, mit der man gerne die menschlichen Schwächen und Fehler darstellte. Verbreitet wurde sie durch das „Narrenschiff" (1494) von Sebastian Brant, in dem die verschiedenen „Torheiten" der Menschen als Narren vor Augen geführt werden. Dieser Wasserspeier diente als Vorlage für die Figur des Münsternarren, die seit den siebziger Jahren dieses Jahrhunderts in der Freiburger Fasnet eine große Rolle spielt.

1. Hälfte 16. Jh.

31 Mann mit breitkrempigem Hut

Er trägt einen langen Mantel, Handschuhe, Kinnwärmer und eine Hüfttasche; zwischen seinen Beinen kauert ein kleiner Affe. Das Wasser fließt aus einem Gefäß über der rechten Schulter ab. Um den Körper windet sich ein Spruchband mit der Inschrift: „Anno domini 1913".

Fritz Baumgarten bezeichnete diese Figur als „Jäger".

1. Hälfte 16. Jh. (durch neue Kopie ersetzt; Original Augustinermuseum)

30

31

32

33

32 Drachenartiges Wesen

Mit seiner rechten Hand greift es an seinen furchtbaren Kopf, während seine linke Hand in obzöner Weise den Schwanz umfaßt (vgl. 8).

1. Hälfte 16. Jh.

33 Hund mit Schlappohren

Sein Fell ist auf dem Rücken zu Locken stilisiert; die Schnauze hat er wie zum Bellen aufgerissen.

Der Hund ist als Wasserspeiertier sehr verbreitet. In der Bibel wird der Hund überwiegend negativ gedeutet (Ps 22,17). Nach der Offenbarung des Johannes (22, 15) wird der Hund gleichgesetzt mit „den Unzüchtigen, Mördern, Götzendienern und Lügnern", denen der Eintritt in das Paradies verwehrt bleibt.

Im Volksglauben galt der Hund als geistersichtiges Wesen, von dem man annahm, daß er den Tod ankündige; sein Bellen sollte Gespenster verscheuchen.

1. Hälfte 16. Jh.

34 Hundeähnliches Wesen

Hundeähnliches Wesen mit Vogelgefieder.

1. Hälfte 16. Jh. (durch neue Kopie ersetzt; Original Münsterbauhütte)

35 Affe

Vgl. 1.

1. Hälfte 16. Jh.

36 Phantasiegeschöpf

Phantasiegeschöpf mit magerem Körper und langem Hals. Seine vorderen Beine haben Hufe, die hinteren Krallen.

1. Hälfte 16. Jh. (durch neue Kopie ersetzt; Original Münsterbauhütte))

37 Frosch

Frosch, der sich mit seiner rechten Hand ins Maul faßt. Sehr schön herausgearbeitet sind der charakteristische Kopf mit dem weiten Maul und

34

35

36

den typischen herausstehenden kugelartigen Augen sowie sein langgestreckter Körper. Um seine Beine schlingt sich ein Band ohne Inschrift (vgl. 24).

1. Hälfte 16. Jh.

38 Frau mit Kopftuch

Mit der rechten Hand faßt sie sich an die linke Brust.

1. Hälfte 16. Jh.

39 Löwenähnliches Tier

Auf einen Löwen weisen die Mähne, der Schwanz und die Krallen hin, während der Kopf eher von einem anderen Tier zu stammen scheint.

1. Hälfte 16. Jh. (durch neue Kopie ersetzt; Original Münsterbauhütte))

40 Nonne mit einem Zahn

Mit ihrer linken Hand zeigt sie auf den Mund; das Wasser fließt durch eine runde Öffnung im Kopf ab.

Neben dem „Hinternentblößer" auf der Langhaussüdseite ist diese Figur der wohl populärste Wasserspeier am Freiburger Münster. Der Sage nach wurde dieses Bild zum Spott auf eine alte „heiratslustige" Nonne gefertigt, wovon ein badisches Gedicht berichtet. So soll zu Luthers Zeiten, als sich die Nachricht verbreitete, daß allen Nonnen mit Zähnen das Heiraten erlaubt sei, die Älteste und Häßlichste aufgesprungen sein mit den Worten: „Meint ihr, mich werde keiner frein? Gar irre seid ihr, wenn ihr glaubt, ich sei der Zähne ganz beraubt; noch hab' ich einen Stumpen hier, Heiraten will ich, wie auch ihr !" Die Schwestern riefen lachend dann: „Heil deinem künft'gen Ehemann!" Am Münsterchor in Stein gehau'n, ist dort zum Spott ihr Bild zu schau'n. Von einem Fratzenkreis umringt, aus deren Rachen Wasser springt, steht Sie, den Mund weit aufgethan und deutet auf den Rest von Zahn." (Badisches Sagenbuch, Freiburg 1898, S. 23f.).

1. Hälfte 16. Jh.

37

38

39

40

41 Akrobat „Zanner"

Ein lockiger Mann in einem kurzärmeligen Kittel hat sein rechtes Bein akrobatisch hinter den Kopf gelegt. Er verzieht sein Gesicht zu einer Grimasse, indem er mit beiden Händen seinen Mund weit auseinanderreißt (vgl. 1).

1. Hälfte 16. Jh. (durch neue Kopie ersetzt; Original Münsterbauhütte)

42 Teuflisches Wesen

Auf seinem langen ausgeprägten Hals zeichnen sich deutlich die Muskeln und Knochen ab. Sein häßliches großformiges Gesicht zeigt einen stark gewölbten Schädel. Zwischen den abgebrochenen Vorderpfoten befand sich früher ein Wappenschild.

1. Hälfte 16. Jh.

41

42

43

44

45

46

43 Monstrum

Ähnlich wie das des vorhergehenden Pfeilers, jedoch mit größeren Ohren und einer Hakennase. Seine linke Hand greift an den Mund, während die rechte an der Gurgel liegt.

1. Hälfte 16. Jh.

44 Raubvogel mit hundeähnlichem Kopf

Mit seiner rechten Kralle umklammert er einen Zweig; der linke Flügel ist leicht flatternd angehoben. Besonders schön und detailfreudig ist das Gefieder gestaltet, an dem jede einzelne Feder herausgearbeitet wurde.

1. Hälfte 16. Jh. (Kopie; Original Münsterbauhütte)

45 Skelettierter Mensch

Ein skelettierter Mensch von allergrößter Abscheulichkeit starrt den Betrachter aus großen Augenhöhlen an und greift mit seinen knochigen Armen ins Gesicht. Auf seinem Rücken kriechen als Sinnbild von Tod und Verderbnis eine Schlange und ein Molch. Das Spruchband trägt die Jahreszahl 1939.

An der Originalfigur befindet sich ein anders gestalteter Kopf. Er ist mit Eisenklammern am Körper befestigt und wurde offensichtlich in nachmittelalterlicher Zeit angefügt.

1. Hälfte 16. Jh. (Kopie; Original Münsterbauhütte)

46 Hund mit ausgemergeltem Körper

Unter seinen Vorderpfoten liegt ein erbeuteter Hase (vgl. 33).

1. Hälfte 16. Jh. (Kopie; Original Münsterbauhütte)

47 Raubvogel

Raubvogel mit vier Beinen, einem langen Schwanz und großen Ohren. Zwischen den vorderen Krallen hält er ein Wappen.

1. Hälfte 16. Jh.

48 Vogelmensch

Vogelmensch mit bärtigem Menschenkopf und menschlichen Füßen. Der Körper ist gefiedert und hat Flügel.

1. Hälfte 16. Jh.

49–51 Hunde- und drachenähnliche Wesen

An dem Gemäuer der Alexanderkapelle sind drei Wasserspeier angebracht: In der oberen Reihe sieht man links ein hundeähnliches Tier mit einem langen Schwanz. Darunter befindet sich ein Kopfspeier in Gestalt eines Hundekopfes. Er wurde offensichtlich von anderer Stelle hierher versetzt, da es zu ihm keine Wasserzuführung gibt. Rechts oben hockt ein drachenartiges Scheusal mit Flügelohren und Euterzitzen. Auf dem Spruchband zwischen seinen Füßen steht die Jahreszahl 1514.

1. Hälfte 16. Jh.

47

48

49

50

51

Langhausnordseite

52/53 Drache / Löwe
An den oberen Ecken der Peter- und Pauls-kapelle ragen zwei Wasserspeier vor: links ein Drache mit kurzen Flügeln, rechts ein Löwe mit langer Mähne und einem menschlichen Gesicht, aus dessen Mund die Zunge heraushängt. Das Wasser fließt durch ein Gefäß auf der linken Schulter ab.
14. Jh (Drache Kopie)

54/55 Phantasiewesen / Nackte Frau
Zwei Wasserspeier befinden sich an der Abend-mahlskapelle. Die linke Figur ist ein Phantasie-wesen, das einen langen, kräftigen Hals, einen dürren Körper sowie zweihufige Vorderfüße und krallenartige Hinterfüße hat. Daneben hockt eine nackte Frau, die nur mit Schuhen und Ohrrin-gen bekleidet ist.
16. Jh.

56 Löwe
Der Löwe ist kraftvoll gebildet. Kopf und Ober-körper bedecken eine üppige stilisierte Mähne. Der Rachen ist fauchend aufgerissen und läßt kantige Zähne erkennen. Unter ihm auf der Kon-sole hockt ein Mann mit lockigem Haupt, der seinen Mund grimmig verzogen hat. Darin sind die gleichen regelmäßigen Zähne zu sehen wie beim Löwen (vgl. 4, 19).
1. Hälfte 13. Jh.; nach neuester Forschung um 1230/1240 (Figur u. Konsole Kopien; Originalfigur Augustinermuseum)

57 Männliche Figur
Männliche Figur in einem Gewand und mit Lockenkopf.
2. Hälfte 13. Jh.

58 Phantasiewesen
Scheußliches Phantasiewesen, das sich mit sei-ner linken Hand an den Kopf faßt.
16. Jh. ? (Kopie)

59 Fischartiges Tier
Das fischartige Tier wird im Volksmund auch als „Delphin" bezeichnet. Sein Körper und der lange eingedrehte Schwanz sind dicht mit Schuppen überzogen.

Als einziger Wasserspeier sind der Künstler und das Entstehungsdatum dieser Figur durch eine schriftliche Quelle belegt. Nach einer Mün-sterrechnung schuf der Universitätsbildhauer Jo-

52

53

54

55

56

57

58

seph Hörr den Fisch im Jahre 1781. Ein in der Form fast identischer Miniaturspeier, der im 19. Jahrhundert nach dem Vorbild des barocken Fisches angefertigt wurde, befindet sich an der nördlichen Wand der Turmvorhalle unter der Figur des Abraham (Gustav Münzel, Der Skulpturenzyklus in der Vorhalle des Freiburger Münsters, Freiburg 1959, S. 230f). Über das Aussehen des früheren Wasserspeiers am Langhaus ist nichts bekannt. Einem Bericht des Freiburger Historikers Heinrich Schreiber zufolge wurde er anscheinend 1744 bei der Belagerung Freiburgs durch die Franzosen abgeschossen, wobei eine Frau erschlagen worden war (H. Schreiber, Geschichte der Stadt Freiburg, 1858. S.311).

(Kopie; Original Münsterbauhütte)

60 Ziegenbock
Ziegenbock mit angewinkelten Vorderläufen (vgl. 25).
2. Hälfte 13. Jh. (Kopie)

61 Rind mit Menschenkopf zwischen den Vorderfüßen
Der Kopf zwischen den Läufen des Tieres reduziert das sonst bei den Wasserspeiern verbreitete Motiv zweier sich tragender Menschen oder Tiere (vgl. 2).
2. Hälfte 13. Jh.

62 Teufelstier
Gehörntes Teufelstier mit Spruchband, auf dem zu lesen ist: Anno Domini 1557. Diese Skulptur ähnelt in Haltung und Detail dem mit 1530 datierten Wasserspeier auf der Chorsüdseite, der vermutlich als Vorbild gedient hat (vgl. 27).
(Kopie; Original Münsterbauhütte)

63 Rind
Die Konsole schmückt schön gestaltetes Blattwerk.
2. Hälfte 13. Jh.

64 Teufelartiges Wesen
Das teufelartige Wesen mit großem Hahnenkamm reißt mit den Pranken sein Maul auseinander.
14. Jh. (O. Schmitt), Anfang 15. Jh. (F. Baumgarten)

65 Phantastische nackte Frau
Sie hat einen tierischen Kopf mit einem kreisrunden Mund sowie Schlappohren, Hängebrüste und ein tierisches Euter. Die rechte Hand greift an das Ohr, mit der linken Hand zieht sie ein Bein bis zur Brust.
14. Jh. (O. Schmitt), Anfang 15. Jh. (F. Baumgarten)

59

60

61

62

63

64

65

66

67

49

68

69

70

71

72

66 Schafbock

Darunter eine Blattwerkkonsole.

2. Hälfte 13. Jh.

67 Monstrum

Das Ungeheuer hat einen Ziegenbart und Hörner sowie stilisierte Locken auf dem Rücken.

14. Jh. (O. Schmitt), Anfang 15. Jh. (F. Baumgarten)

68 Teufelsfigur

Teufelsfigur mit langer Nase, die zu einem Pferdekopf geformt ist. Mit der rechten Pfote reißt das Monstrum seinen Unterkiefer nach unten.

14. Jh. (O. Schmitt). Anfang 15. Jh. (F. Baumgarten)

69 Bärähnliches Tier

Bärähnliches Tier mit langer spitzer Schnauze. Die Konsole ist mit Blattwerk verziert.

2. Hälfte 13. Jh.

70 Monstrum

Monstrum mit einem spitzen und runden Ohr sowie einem breiten Maul. Das Fell auf dem Rücken zeigt stilisierte Locken

14. Jh. (O. Schmitt), Anfang 16. Jh. (F. Baumgarten)

71 Ungeheuer mit zwei Köpfen

Vgl. 16.

14. Jh. (O. Schmitt), Anfang 16. Jh. (F. Baumgarten)

72 Bärähnliches Tier

Zwischen seinen Klauen hält es ein Ferkel. Die Konsole zeigt einen Mann in einem Kapuzenmantel, der mit einem Rechen hackt.

2. Hälfte 13. Jh.

73 Schaf

Schaf mit herabhängenden Hoden.

14. Jh.

74 Dickes Schaf

14. Jh.

75 Rind auf dem Rücken eines Mannes

Die Konsole schmückt ein springender Bock.

2. Hälfte 13. Jh.

73

74

75

76

Westturm

76 Kniender Mann in langem Gewand
Seine Hände hat der Mann auf die Knie gestützt.
Vermutlich 2. Hälfte 13. Jh.

77 Mann mit Zipfelmütze
Konsolbüste.
Anfang 14. Jh. (Kopie; Original Münsterbauhütte)

78 Mann mit lockigem Haar und Zipfelmütze
Konsolbüste.
Anfang 14. Jh. (Kopie; Original Münsterbauhütte)

77

78

79 Mann, der sich ans Kinn faßt
Konsolbüste. Mann, der sich mit seiner rechten Hand unter das Kinn faßt.
Anfang 14. Jh. (Kopie; Original Münsterbauhütte)

80 Mann mit langem Gewand und Judenkappe
Konsolbüste. Mit der rechten Hand umgreift der Mann seinen spitzen Bart.
Anfang 14. Jh. (Kopie)

81 Löwe
Löwe mit linker vorgestreckter Tatze.
Anfang 14. Jh. (Kopie; Original Münsterbauhütte)

82 Moderner Adler
Die mittelalterliche Figur ging im Laufe der Jahrhunderte verloren. Reste hiervon, Füße mit Schwimmhäuten, haben sich in der Münsterbauhütte erhalten.
ca. 1965

83 Kniender Mann mit Kappe
Mit beiden Händen umfaßt er ein Wappen, das er links vom Kopf hochhält. Auf dem Wappen sind das Hüttenkreuz und die Jahreszahl 1958 zu sehen.
Anfang 14. Jh. (Kopie; Original Münsterbauhütte)

84 Frau mit spitzem Hut
Frau mit spitzem Hut und langem Gewand.
Anfang 14. Jh. (Kopie; Original Münsterbauhütte)

79

80

81

82

83

84

Die Sieben Todsünden

Zwischen den großen Fenstergiebeln des Oktogons befinden sich sieben Figuren in der Gestalt und Anbringung von Wasserspeiern, die jedoch keine Rinnen haben und damit ohne technische Funktion sind. Diese „Scheinwasserspeier" werden zum ersten Mal 1923 in dem Münsterführer von Friedrich Kempf und Karl Schuster als die „Sieben Hauptsünden" gedeutet. In der mittelalterlichen Kunst war die Darstellung der Sieben Haupt-, auch Todsünden genannt, die zur Verdammnis und zum ewigen Tod des Sünders führen, vor allem in der Malerei und Grafik sehr verbreitet. Der Kanon der Sieben Todsünden geht zurück auf Papst Gregor den Großen (gest. 604). Er umfaßt den Stolz (Superbia), die Quelle aller weiteren Sünden, den Neid (Invidia), den Zorn (Ira), die Faulheit (Acedia), den Geiz (Avaritia) sowie die Sünden des Fleisches, Völlerei und Trunksucht (Gula) und die Wollust (Luxuria). Der besseren Einprägsamkeit wegen wurde der Kanon im Mittelalter mit der Kurzformel „Siiaagl" oder „Saliga" abgekürzt.

Bei den Freiburger Figuren gingen die Repräsentanten des Neides und der Trägheit im Laufe der Jahrhunderte verloren. An ihrer Stelle plazierte man wahrscheinlich im Spätmittelalter eine nicht in die Reihe passende Figur und 1921 – wohl noch in Unwissenheit über die Bedeutung der Skulpturen – Münsterbaumeister Friedrich Kempf (gest. 1932).

85 Löwenmensch (Zorn)

Mischwesen mit menschlichem Leib, Kopf und Armen sowie Hinterpfoten und Schwanz eines Löwen. Der Mund ist weit aufgerissen, während die Hände wütend in die langen Haare greifen, worauf ein spitzer Hut sitzt.

Anfang 14. Jh. (Kopie; Original Augustinermuseum)

86 Nackte Frau (Wollust)

Eine sinnlich dargestellte langhaarige, nackte und mit überkreuzten Beinen sitzende Frau, die nach dem Vorbild der antiken „Venus pudica" (lat. pudicus = schamhaft) ihre Brust und Scham mit den Händen bedeckt. Ihr loses Haar schmückt ein Blütenkranz.

Anfang 14. Jh. (Kopie; Original Augustinermuseum)

87 Mann mit Gefäß und Kapuzenmantel

Diese stilistisch zu den übrigen Figuren nicht

85

passende Skulptur wurde vermutlich im Spätmittelalter als Ersatz für die ursprüngliche, anscheinend verlorengegangene Skulptur des 14.
Jahrhunderts angebracht.

Vermutlich 16. Jh.

88 Ritter (Hochmut)

In vollständiger Rüstung mit Kettenhemd, Waf-
fenrock und Beckenhaube.

Die Verkörperung des Hochmuts in Gestalt eines Ritters hängt vielleicht zusammen mit der
einstigen Aura des adeligen Kriegers, der sich
als „miles christianus" zum Beschützer der Kirche und Bekämpfer der Untugenden berief, eine

Einschätzung, die von der Kirche zunehmend
kritisch gesehen wurde.

Anfang 14. Jh. (Kopie; Original Augustinermuseum)

89 Münsterbaumeister Friedrich Kempf

Er hält in der rechten Hand einen Zirkel und ist
mit einem langärmeligen Mantel, Stiefeln und einer Kappe bekleidet; auf der Mantelschließe befindet sich das Münsterbauhüttenkreuz. Ein
Schriftband über dem linken Knie enthält die Inschrift: „Für die aus dieser Reihe längst zerstörte
Gestalt ward dieses Meisterbild geschaffen 1921."

1921

86

87

88

89

90

90 Mann mit Gefäß (Geiz)

In langem Gewand, mit einem großformigen, idiotischen Schädel und einem feisten Gesicht. Mit seinen Händen umklammert er ängstlich ein bauchiges Gefäß.

Anfang 14. Jh. (Kopie; Original Augustinermuseum)

91 Schwein (Unmäßigkeit)

Die vorderen Läufe sind wie zum Sprung angewinkelt; über den gesamten Rücken zieht sich ein Borstenkamm. Das Maul ist gierig aufgerissen.

Anfang 14. Jh. (Kopie; Original Augustinermuseum)

91

Wasserspeiertypen am Freiburger Münster

Die Zahlen in den Klammern verweisen auf die Nummern im Beschreibungsteil.

A. Tierdarstellungen

Schwein (3, 91)
Löwe (4, 7, 13, 19, 53, 56, 81)
Pferd (22, 23)
Rind (15, 20, 61, 63, 75)
Schaf (73, 74)
Bock: Ziegen od. Schafbock (25, 60, 66)
Frosch (24, 37)
Hund (14, 33, 46)
Bär (69, 72)
Hirsch (2)
Affe (35)
Adler (82)

B. Fabelwesen

Drachen (8, 12, 52)
Einhorn (5)

C. Menschliche Wasserspeier

Bärtiger Mann im Schneidersitz (1)
Mann mit Buch (9)
Hockendes Männchen (11)
„Hinternentblößer" (16)
Mann mit modischem Mantel (17)
Kauernder Mann (18)
Mann auf dem Rücken eines Jünglings (21)
Häßliche nackte Frau (26)
Mann mit spitzem Hut „Nasendreher" (29)
Narr (30)
Mann mit breitkrempigem Hut (31)
Frau mit Kopftuch (38)
Nonne mit einem Zahn (40)
Akrobat(41)

Skelettierter Mensch (45)
Nackte Frau mit Ohrringen (55)
Männliche Figur mit Lockenkranz (57)
Kniender Mann in langem Gewand (76)
4 menschliche Konsolbüsten (77–80)
Kniender Mann mit Kappe (83)
Frau mit spitzem Hut (84)
Nackte Frau „Wollust" (86)
Mann mit Gefäß und Kapuzenmantel (87)
Ritter „Hochmut" (88)
Münsterbaumeister Friedrich Kempf (89)
Mann mit Gefäß „Geiz" (90)

D. Mischwesen (Monstren)

Schaf mit Hundekopf (6)
Ungeheuer mit langem Körper (10)
Gehörntes Phantasietier (27)
Hundeähnliches Wesen (28)
Drachenartiges Monstrum (32)
Hundeähnliches Tier mit Vogelgefieder (34)
Phantasietier mit Hufen und Krallen (36)
Löwenartiges Phantasiewesen (39)
Teuflisches Wesen (42)
Monstrum mit Hakennase (43)
Raubvogel mit Hundekopf (44)
Raubvogel mit vier Beinen (47)
Vogelmensch (48)
Hundeähnliches Tier mit langem Schwanz (49)
Kopfspeier (50)
Drachenartiges Scheusal (51)
Monstrum mit langem Hals (54)
Scheußliches Phantasiewesen (58)
Fischartiges Tier sog. „Delphin" (59)
Gehörntes Teufelstier (62)
Teufelsartiges Wesen mit Hahnenkamm (64)
Nackte Frau mit Schlappohren und Euter (65)
Gehörntes Monstrum mit Ziegenbart (67)
Teufelstier mit Pferdekopfnase (68)
Monstrum mit breitem Maul ((70)
Ungeheuer mit zwei Köpfen (71)
Löwenmensch „Zorn" (85)

Literatur

Fritz Baumgarten, *Die Wasserspeier am Freiburger Münster*, in: Freiburger Münsterblätter, 3. Jg., 1907, S. 1–28.

Otto Schmitt, *Gotische Skulpturen des Freiburger Münsters*, 2 Bde., Frankfurt a. M. 1926.

Georgialee W. Granger, *Gargoyles of Freiburg Cathedral* (Masch.schr.), Case Western Reserve University, 1969.

Peter Kalchthaler, *Der Freiburger Münsternarr*, in: Freiburger Almanach, 1990, S. 37–45.

Allgemeine Geschäftsberichte des Freiburger Münsterbauvereins, 1891–1963.

Friedrich Kempf, Karl Schuster, *Das Freiburger Münster, Ein Führer für Einheimische und Fremde*, Freiburg i. Br. 1923, 2.–4. Auflage, S. 24f.

Augustinermuseum Freiburg, *Bildwerke des Mittelalters und der Renaissance 1100–1530*. Auswahlkatalog. Bearb. von Detlef Zinke, München 1995, S. 156f., S. 175–183.

Karl Schuster, *Zur Baugeschichte des Freiburger Münsters im 18. Jahrhundert*, in: Freiburger Münsterblätter, 5. Jg., 1909, S. 7f.

Konrad Kunze, *Himmel in Stein, Das Freiburger Münster, Vom Sinn mittelalterlicher Kirchenbauten*, Freiburg, Basel, Wien 1995⁹, S. 21f., 95f.

Birgit Frener, *Der Regensburger Dom St. Peter, Versuch einer Chronologie seiner mittelalterlichen Wasserspeier und deren Nachfolger*, Magisterarbeit, München 1988.

Birgit Frener, *Die Wasserspeier am Regensburger Dom*, in: Der Dom zu Regensburg, Ausstellung anläßlich der Beendigung der Innenrestaurierung des Regensburger Doms, 1984–1988, München, Zürich 1989, S. 120–126.

Maximilian Steiner, *Wasserspeier an Kirchengebäuden als Bestandteil des mittelalterlichen Dämonenglaubens*, Diss. (Masch.schr.), Erlangen 1953.

Wilhelm Grolmann, *Gotische Wasserspeier und Groteskfiguren*, in: Velhagen & Klasings Monatshefte, 3. Heft, 39. Jg., 1924, S. 320–328.

Katrin Kröll, Hugo Steger (Hrsg.), *Mein ganzer Körper ist Gesicht, Groteske Darstellungen in der europäischen Kunst und Literatur des Mittelalters*, Freiburg i. Br. 1994.

Susanne Blöcker, *Studien zur Ikonographie der Sieben Todsünden*, Diss., Bonn 1993.

Friedrich und Helga Möbius, *Bauornament im Mittelalter, Symbol und Bedeutung*, Wien 1974.

Eugène Emmanuel Viollet-le-Duc, *Dictionnaire de l'architecture française du XIe au XVIe siècle*, Bd. VI, Paris 1875, S. 21–28.

Lexikon für Theologie und Kirche, hrsg. von M. Buchberger, 10 Bde., Freiburg i. Br. 1930–38.

Handwörterbuch des deutschen Aberglaubens, hrsg. von Hanns Bächtold-Stäubli, 10 Bde., Berlin, Leipzig 1927–42.

Wörterbuch zur Christlichen Kunst, hrsg. von H. Sachs, E. Badstübner, H. Neumann, Hanau o. J.